Intrépide FiFi Brindacier

Astrid Lindgren

Illustré par Ingrid Vang Nyman

les albums Hachette

Traduit du suédois par Alain Gnaedig

Publié pour la première fois en 1949 dans un ouvrage imprimé en bichromie
sous le titre : *Pippi Långstrump i Humlegården.*
© Astrid Lindgren, 2000, pour le texte. Saltkråkan AB, SE-Lidingö.
© Ingrid Vang Nyman, 2000, pour les illustrations.
Publié pour la première fois en Suède en 2000 par Rabén & Sjögren Bokförlag.
Publié avec l'accord de Rabén & Sjögren Agency.
© 2011, Hachette Livre pour la traduction française.
ISBN : 978-2-01-226468-7
Dépôt légal avril 2011 – édition 01.
Loi n°49-956 du 16 juillet 1949 sur les publications destinées à la jeunesse.
Imprimé en Pologne.

La toute petite ville où vivait Fifi Brindacier était un endroit
très paisible. On ne rencontrait que rarement des voyous.
De plus, Fifi les corrigeait rapidement.
Ce n'était pas le cas dans la capitale royale. À lire les journaux,
les voyous y pullulaient.

« Regarde, dit Tommy en désignant le journal : "Les voyous s'activent
le soir dans le parc de Humlegården. La police impuissante."

– C'est terrible », répondit Fifi en sortant la tête du coffre à bois.

En effet, Fifi, Tommy et Annika s'installaient dans le coffre à bois
de la Villa Drôlederepos pour lire le journal.

« Ils auraient bien besoin d'une Fifi Brindacier à Humlegården,
constata Annika.

– Puisque tu le dis, ils vont en avoir une. Nous partons sur-le-champ.

– Tu es folle, s'exclama Tommy. On ne peut pas faire ça. Où irions-nous ?
On ne va pas s'installer à la Bibliothèque royale, tout de même ! »

« Nous emportons avec nous la Villa Drôlederepos, déclara Fifi.
Il me faut juste un après-midi pour la démonter et la reconstruire.
– Mais enfin… bredouilla Annika, stupéfaite.
– On y va, dit Fifi. Ça me rend tellement triste d'entendre
que la police est impuissante.
– Mais tu vas bien rapporter la Villa Drôlederepos, plus tard ?
demanda Tommy, méfiant. Plus tard, quand tu auras maté les voyous
de Humlegården. »
Fifi fit oui de la tête.

Aussitôt dit, aussitôt fait. Fifi, Tommy et Annika, Monsieur Nilsson,
le petit singe, le cheval et un gros tas de planches qui avait été
la Villa Drôlederepos arrivèrent un après-midi à Humlegården,
un parc dans le centre de Stockholm. Fifi se mit immédiatement à l'œuvre
et remonta la maison exactement comme elle se dressait dans le vieux jardin
de la toute petite ville.

Alors qu'elle avait presque terminé – il ne lui restait plus que le toit
à monter –, un petit monsieur en costume gris arriva dans l'allée du parc,
très fâché.

« As-tu un permis de construire pour ce chantier ? interrogea-t-il
en désignant la Villa Drôlederepos.

– Un quoi ? demanda Fifi.

– Un permis de construire, rugit le monsieur en gris. As-tu la permission ?

– Non… dit Fifi. Mais, jusqu'à maintenant, ça allait très bien. »

« C'est du propre ! hurla le monsieur en gris. Arrête tout de suite !
Sinon, je te dénonce à la commission du travail.

– Mais vas-y, répondit Fifi avec calme. Je crois que cette commission
machin-chouette va bien comprendre qu'une maison a besoin d'un toit.
Sinon, il va pleuvoir à l'intérieur, imbécile ! »

Le monsieur en gris se fâcha tout rouge. Il s'approcha de Fifi et la tira
brusquement par le bras. Il ne savait pas que la petite fille la plus forte
du monde venait d'arriver en ville !

Fifi était pressée d'achever la maison avant le soir. Elle souleva
le monsieur en gris et le porta très gentiment jusqu'à Engelbrektsgatan.
Le train de Djursholm était prêt à partir. Au moment où il démarrait,
Fifi déposa le monsieur en gris dans un wagon. Puis Fifi, Tommy
et Annika agitèrent leurs mouchoirs et lui souhaitèrent bon voyage.

Oh ! là ! là ! Le monsieur en gris était furieux contre Fifi !
En effet, il n'habitait pas du tout à Djursholm, au nord, mais à Enskede,
au sud.

Lorsque le doux soir d'été tomba sur le parc de Humlegården,
la Villa Drôlederepos était prête pour l'emménagement.
Fifi courut à une pâtisserie et elle acheta plein de gâteaux à la crème
et de la limonade.

Puis Fifi, Tommy et Annika, Monsieur Nilsson et le cheval fêtèrent
leur installation dans la cuisine de la Villa Drôlederepos.
Il était tout à fait nécessaire de donner des gâteaux à la crème au cheval,
car il avait du mal à laisser tranquille les belles pelouses vertes du parc.
Pour plus de sécurité, Fifi planta deux panneaux pour lui sur la véranda.
« Pelouses interdites », disait le premier. « Ne pas agacer le jardinier »,
indiquait le second. Mais le cheval n'était pas vraiment plus doué
pour la lecture que Fifi, on ne peut donc pas être sûr qu'il comprenait.

Fifi, Tommy et Annika regardèrent par la fenêtre de la cuisine.
Dehors, c'était Stockholm, dont ils voyaient les lumières.
C'était tellement beau. Ils trouvaient que c'était chouette
d'habiter dans ce parc.
« On ferait mieux d'aller se coucher, observa Annika en bâillant.
– J'espère que les voyous ne vont pas venir ce soir », dit Tommy.
Il allait être déçu. Qui donc poussait ces cris et ces sifflements ?
Mais oui, les voyous arrivaient. Des dizaines et des dizaines !

Ils se lancèrent tout de suite dans leur cirque habituel, qui consistait
à tirer les moustaches des vieux messieurs, à arracher les sacs des dames
seules et à donner des coups de poing à droite et à gauche.
Ils ignoraient que l'œil réprobateur de Fifi pesait sur eux.

Soudain, les voyous aperçurent la Villa Drôlederepos. Ils se précipitèrent
à la fenêtre de la cuisine pour inspecter l'intérieur. Et que trouvèrent-ils ?
Trois enfants. L'un d'eux était roux et portait un bas noir et un bas jaune.
Cela aurait pu leur mettre la puce à l'oreille, mais les voyous ne lisaient pas
les bons livres et ils ne savaient donc pas à qui ils avaient affaire.
Il ne s'agissait pas de n'importe quelle gamine rousse, mais de la petite fille
la plus forte du monde !

Le cheval était sur la véranda et il déchiffrait avec peine le panneau
qui disait « Ne pas agacer le jardinier ». Les voyous rigolaient gaiement.
« Voyez un peu le canasson, dit l'un. Allez, on monte dessus !
– Tiens, tiens, remarqua Fifi qui était sortie sur la véranda.
Un voyou sur un canasson, ce serait un spectacle qui en ferait pleurer
plus d'un. Mais il se trouve que c'est la première fois que mon cheval vient
à Stockholm, et c'est un grand timide qui aime sa tranquillité. Alors, pas de
promenade à cheval. »

Le plus grand des voyous était un type horrible.

On le surnommait l'Affreux.

« Pas de promenade ? ricana l'Affreux en donnant un coup de pied
au cheval pour qu'il quitte la véranda. Pas de promenade !

Et qui va m'en empêcher ? »

Il eut un rire méchant et s'apprêta à monter sur le cheval.

« Un instant, l'interrompit Fifi. Je peux te poser une question,
avant que tu ne montes sur mon cheval ?

– Quoi ? grogna l'Affreux.

– Je veux juste savoir où tu veux être enterré, ici, à Humlegården,
ou ailleurs ? »

L'Affreux éclata de rire et sauta sur le cheval.

Il se réveilla dans l'herbe, devant le café Floras Kulle, en compagnie de tous les autres voyous. Ils étaient gentiment entassés là, incapables de bouger, car de grosses cordes leur liaient les bras et les jambes.

« Qu'est-ce qui s'est passé ? demanda l'Affreux, la voix éteinte. Un tremblement de terre ? »

Au début, personne ne voulut répondre. Mais Knasper, un autre voyou, finit par lui dire :

« C'est la gamine… La rouquine… Elle… Aïe ! aïe ! aïe !

– Tu ne vas pas me dire que c'est elle qui… bégaya l'Affreux.

– Si, si », confirma Knasper.

L'Affreux grinça des dents et essaya de se défaire de ses liens.

« Grrrr ! grogna-t-il, face à quelqu'un d'aussi costaud que Popeye, cette gamine ferait une autre tête.

– Mon pauvre gars, dit Knasper. Popeye n'aurait pas la moindre chance face à elle. »

Fifi avait disparu. Elle appelait la police d'une cabine téléphonique.
« Je voudrais parler au préfet de police », réclama-t-elle poliment.
La secrétaire qui répondit à la préfecture entendit qu'elle avait
une petite fille au bout du fil.
« Tu voudrais parler à M. Erik Ros, le préfet de police ? »
demanda-t-elle avec méfiance.
– Oui. Mais si tu as un autre préfet en stock, je veux bien lui parler
d'abord », répliqua Fifi.
La secrétaire n'avait qu'un seul préfet, et M. Ros prit le téléphone.
« Salut, c'est Fifi Brindacier à l'appareil. J'ai un paquet de voyous
attachés devant le café Floras Kulle. Je les apporte au commissariat
où vous pouvez venir les chercher ? »

Le préfet de police fut enchanté, et il envoya immédiatement
des voitures de patrouille à Humlegården. Et il dit qu'il serait ravi
de collaborer avec Fifi à l'avenir.
« Tu n'as qu'à nous appeler, nous viendrons les chercher »,
précisa-t-il d'un ton satisfait avant de raccrocher.
Le calme et la paix allaient enfin régner à Humlegården !

Le Jour des enfants avait lieu dans le parc peu de temps
après ces événements curieux.
Fifi se dit que les petits Stockholmois avaient peut-être envie de
la rencontrer, ainsi que Tommy et Annika, et de voir la Villa Drôlederepos.
Elle décida donc de rester quelques jours de plus. Et peut-être y avait-il
aussi des enfants qui avaient envie de se promener sur son cheval
et de dire bonjour à Monsieur Nilsson ?

Du reste, Monsieur Nilsson reçut une belle visite ce jour-là.

Un vague cousin à lui, Monsieur Svensson, le grand gorille,
fit le voyage depuis l'île de Couricoura. C'était un singe très étonnant,
ce dont tous les petits Stockholmois purent s'assurer.
Oui, il y a toujours quelque chose à voir à Humlegården.